Made in the USA
Lexington, KY
18 December 2019

58774058R00068